HISTOIRE

DE

LA CHATRE,

Par PIERQUIN DE GEMBLOUX,

Inspecteur de l'Académie de Bourges, Correspondant du Comité des Chartes, chroniques et inscriptions, et de celui des arts et monuments, de la société de l'Histoire de France, de l'Institut historique, de la société royale des Antiquaires du Nord, de la Société royale des Antiquaires de France, etc.

O vetustatis silentis
obsoleta oblivio !

PRUDENCE.

BOURGES,

IMPRIMERIE ET LITHOGRAPHIE DE P. A. MANCERON.

1840.

À M. Delaveau, D. M.,

Maire de La Châtre, Membre du Conseil général
de l'Indre, etc.

Mon cher Confrère,

Voici les premières pages imprimées, consacrées
à une ville qui en méritait de meilleures. D'autres
feront mieux, parce qu'ils seront à la hauteur d'un
sujet que j'appréciais pourtant aussi bien que vous.
Telle qu'elle est, veuillez accepter cette Histoire
comme un témoignage de ma considération dis-
tinguée.

PIERQUIN DE GEMBLOUX.

HISTOIRE

DE

LA CHATRE.

———

Un des plus beaux arrondissements du département de
l'Indre, et le plus riche en monuments antiques dignes de
respects, est sans contredit celui de La Châtre. En tout ce
qui concerne les dons de la nature, l'homme, assez sagement
disposé pour n'aimer que ses richesses, doit y être heureux:
aussi l'histoire parle-t-elle peu de lui et des villes qui décorent
ce magnifique territoire. Au moment de l'invasion romaine,
toute son étendue était couverte d'épaisses forêts. La domination étrangère y fit bâtir quelques villa, qui plus tard
devinrent des hameaux, et progressivement des villes.

En l'absence de l'histoire écrite, l'ethnographie indique
parfaitement à quelles langues appartenaient les hommes qui
dénommèrent chacune de ces agglomérations sociales.

Il n'en est pas une qui ne comprenne dans ses radicaux
un témoignage de leur joie, de leur admiration pour un
terrain aussi fertile, pour des positions aussi pittoresques.
Sur cinquante-sept communes, comprises dans cet arrondissement, presque toutes en effet annoncent quelques-unes
des propriétés de ce riche verger, où la végétation est à la

fois si active et si féconde. Ces dénominations appartiennent à différentes nationalités, et sont un miroir vivant de toutes les invasions subies tour-à-tour par ce beau pays, depuis les Romains jusqu'à l'époque de la domination anglaise, sans en excepter toutefois les langues indigènes, telles que le celte, le roman et le français, langues créées sur place, avec les débris de la première.

Le cadre que nous nous sommes proposés de remplir ne nous permet pas de prouver chacune de ces assertions, mais dès le moment que nous aurons l'occasion de parler d'un monument historique, appartenant à l'une ou l'autre des villes de cet arrondissement, nous n'omettrons point de donner l'étymologie probable de sa dénomination. Ainsi se trouvera justifiée en partie ce que nous venons d'avancer.

Comme tout le Berri, l'arrondissement de La Châtre est riche en monuments dignes de l'attention de l'antiquaire ou de l'artiste, et pas une des nationalités qui tour-à-tour soumirent cette belle contrée, qui n'y ait laissé quelque trace monumentale de sa domination. Lorsque l'archéologue parcourt avec attention la vaste étendue de l'ancienne province du Berri, il est, malgré lui, frappé des nombreux monuments de toute nature dont l'analiste n'a recueilli ni l'existence, ni la valeur, ni la portée historique. Parmi ces monuments nombreux, appartenant à des nationalités différentes, et complétement neufs à étudier, il en est à chaque pas qui expliquent parfaitement l'importance que César attachait à la soumission de cette population, et quels ne durent point être ses efforts pour y parvenir ? On comprend à chaque pas le rôle que la nation des Ibruiches devait jouer parmi toutes celles qui se partageaient l'étendue de la France naturelle; on s'explique aisément pourquoi elles regardaient l'Ibruix ou Iberie-Kube comme le boulevard de l'indépendance générale, et l'on s'explique alors comment une fois vaincue, toutes les nations gauloises furent esclaves ; on s'explique enfin beaucoup mieux que ne l'avoue l'auteur des Commentaires lui-même, quel grand déploiement et quelle immense concentration de forces furent indispensablement accumulées sur ce vaste territoire, pour s'assurer une barbare victoire, pour subjuguer une nation d'hommes énergiques, aimant la patrie et la liberté au point de leur sacrifier en un jour plus de vingt de leurs villes. Ici l'on se fait une idée de cette guerre interminable dans laquelle les armées marchaient d'escarmouche en escarmouche, où chaque échec était acheté par l'or et par le sang romains, pour arriver jusque sous les murs de la riche et superbe Avaric. Encore de nos jours, ces traces n'ont point disparu. Non loin de celui dont nous allons parler, s'en trouvent encore plusieurs autres : tel est celui dont on voit encore les traces dans la plaine de Chaumoi, etc.

Dans tous les sens le Berri est sillonné de lignes stratégiques plus ou moins bien conservées, dont le paysan n'a point encore perdu le nom de l'auteur, après deux mille ans. Pas un, en effet, qui ne vous désigne tous ces *castra* sous le nom du dictateur qui vint sans motifs égorger une civilisation, une population à laquelle il devait en grande partie ce qu'il était.

Le jour de la vengeance arriva : le cri d'indépendance parti de la Bratannach retentit dans l'Armorich; la race gallique se leva en masse; peu d'heures après, la présence des romains ne souillait plus le sol gaulois, et cette révolution ne leur coûta pas une goutte de sang, tant la haine était vive, profonde et puissante chez les Gaulois, tant les armées romaines connaissaient et cette haine et cette valeur, subjuguées mais non soumises. C'était là le premier fruit de la religion du Christ. La patrie lui devait sa liberté, son bonheur et ses lumières. Deux siècles après cette noble et belle révolution, dans laquelle le christianisme n'eut point de malheur à déplorer, saint Sulpice, évêque de Bourges, en 624, parcourant la Biturrie pour y porter la foi jusqu'au sein des forêts, s'arrêta sur le plateau d'une colline qui borde la rive droite de l'Indre, et qui domine une vaste et riante vallée.

Cette situation pittoresque offrait encore les traces de l'un de ces *castra* multipliés, tracés et habités par les payens. Une religion consolatrice, qui avait appelé les peuples à la fraternité, à la liberté, devait purifier ce camp de barbares. Saint Sulpice y jeta les fondements d'une abbaye. Elle fut placée sous la protection de saint Vincent, et vers l'année 640, elle comptait déjà un grand nombre de pieux bénédictins.

Vers 990 ou 991, ce chapitre fut consacré, comme on est en droit de le supposer d'après les bulles d'Innocent II, données en 1130, et celles d'Innocent IV, dont nous aurons l'occasion de parler encore. Cette abbaye occupait, au sein des forêts, une grande partie du vaste *Castrum* construit par les Romains, et paraît avoir été très-riche dès son origine. Peu d'années après, en 743, elle fut pillée par les Vandales, et rétablie en 868 par les pieux cénobites. Les Normands, portant le fer et la flamme dans toute la Biturrie, la brûlèrent, et les religieux se refugièrent dans d'autres monastères, protégés à la fois par une population plus considérable et de formidables fortifications, abandonnant leurs vastes propriétés du *Castrum* et des environs, dont les princes de Déols s'emparèrent, sans que ces hommes de Dieu fissent la moindre réclamation. Leur royaume n'était pas de ce monde.

Vers l'année 874, une autre communauté religieuse, présumant mieux de la paix et de la securité de son siècle, utilisa les ruines, encore fumantes pour ainsi dire, de la riche abbaye. Elle vint s'établir sur le *Castrum* abandonné, se construisit un asyle de ses débris et y resta plus d'un siècle. C'est au zèle pieux de ces religieux que la tradition attribue l'érection de la nef actuelle de l'église. Ebbes II, prince de Déols, vint à leurs secours et fit construire le chœur. Vers la fin du XIIᵉ siècle elle fut dédiée et consacrée à Saint-Germain, évêque d'Auxerre, le 12 octobre 1160, comme l'indique un calendrier placé en tête d'un Missel du XIIIᵉ siècle.

Pierre de La Châtre, grand oncle d'Ebbes II, accorda, de son côté, l'autorisation nécessaire et fit présent au chapitre d'une croix en vermeil, enrichie de pierreries, dans laquelle un morceau de la vraie croix fut encastrée. Elle portait l'inscription suivante :

De vero ligno crucis.

La religion chrétienne, qui avait expulsé le polythéisme des Gaules, présidait à la naissance des sociétés et des langues qui devaient les représenter. Partout où elle dressait le signe de rédemption, les populations venaient l'entourer pour y trouver la paix, le bonheur et le salut. De toutes parts les monastères s'élevaient et servaient de noyau à des villes futures. L'abbaye de Chézal-Benoît peut nous donner une faible idée de ce qui se passait alors avec plus d'enthousiasme et d'entraînement. Les Bénédictins du *Castrum* eurent la même influence sur les populations circonvoisines. Ce centre de lumières et de vertus agit bientôt dans un orbite immense, et l'enceinte militaire, protégée par la religion, fut bientôt recouverte de maisons. De tous côtés les pieux gaulois venaient dresser leurs cabanes paisibles et victorieuses où s'étaient élevées les tentes bruyantes des barbares payens. Cette agglomération fut bientôt assez importante pour réclamer une dénomination spéciale, pour nécessiter la création d'un mot propre à la désigner. La religion victorieuse le trouva tout fait dans celui de l'emplacement même qu'elle avait choisi. Dès ce moment l'expression latine passa dans la langue néo-latine de ces colons. Dans sa nouvelle physionomie, en rapport avec la langue que le peuple créait alors et que l'Europe devait adopter, la consonne initiale fut fortement aspirée, selon l'habitude gauloise, et l'article fut ajouté au substantif. Dès ce jour les Gaules comptèrent une ville chrétienne et libre de plus, et cette ville était La Châtre.

L'histoire de sa fondation, que nous venons d'esquisser rapidement, fut symbolisée dans les armoiries qu'elle se choisit à l'époque des croisades. Elles présentent en effet, dans un champ de sinople, trois pavillons ou tentes d'argent, ayant pour support deux renommées, emblème naturel des trois puissances, le clergé, la noblesse et le peuple qui fondèrent cette ville. Ici comme partout, ces hiéroglyphes sont aussi de l'histoire et l'on voit qu'ils sont complètement encore en harmonie avec l'histoire et la tradition légendaire qui racontent que César allant mettre le siège devant Avaric, centre et capitale des opérations et des nations gauloises, fut arrêté à chaque pas par les armes de Verkingetorich', campa sur l'emplacement occupé par les Bénédictins, par leurs frères les chrétiens et que l'on nomme encore aujourd'hui la cité.

Pendant long-temps la ville de La Châtre n'eut d'autre illustration que la paix et le bonheur de ses humbles habitans. Située au centre d'un territoire riche et fertile, composé de vergers et de jardins d'une végétation vigoureuse et belle, agréablement accidenté, au sein d'un air doux et pur, sur la pente légère d'une colline dont elle recouvrit d'abord le large plateau, elle n'en était pas moins livrée sans défense aux incursions des hordes étrangères, qui pillèrent et ravagèrent encore la France pendant plusieurs siècles. Le besoin impérieux de conservation et par suite de protection engagea bientôt les princes à s'entourer de fortifications redoutables, alors que toute l'étendue des Gaules semblait s'être donné le mot pour se hérisser en même temps de châteaux forts, de donjons, de tourelles, de forteresses, protégés par des fossés profonds, des meurtrières, des machicoulis, autant dans l'intérêt de la liberté des communes que dans celui des fortunes particulières. Cinq portes furent ménagées dans l'érection des remparts. Elles furent placées sous la protection de saint Pierre, nommées Bourbonne depuis que les croyances religieuses se sont affaiblies, Saint-Antoine, Saint-Louis, Saint-Germain ou de Bourges, et enfin de Lusset ou de Ravelin. La ville avait alors très-peu de développement en étendue puisque les rues de Venose, de Cabignat, des Juifs, d'Indre et de Forgis en formaient les faubourgs. Le château du seigneur de La Châtre fut construit sur l'esplanade d'un rocher qui monte à pic, à plus de cinquante mètres de hauteur et compris dans l'enceinte. Il ne reste plus aujourd'hui que l'une des tours carrées de cette forteresse; elle sert de prison.

Le territoire dans lequel était bâtie la nouvelle ville faisait partie de l'immense et riche principauté de Déols. Elle était aussi du diocèse de Bourges, ressortit plus tard du parlement de Paris, fut le chef-lieu d'une élection, en 1577, et d'un grenier à sel. Erigée d'abord en baronie, elle fut donnée en apanage à Ebbes, fils de Raoul-le-Chauve, seigneur de Châteauroux (1), et distraite ainsi de la seigneurie de Déols et Châteauroux. Ebbes prit immédiatement le nom de sa châtellenie, et l'on présume, avec assez de vraisemblance, que c'est de lui que descendirent les seigneurs de La Châtre, dont le nom se trouve si glorieusement mêlé à ceux de notre Histoire nationale, et qui se plurent successivement à embellir une ville que la nature favorisait de toute manière. Un seigneur de La Châtre s'étant croisé, fut fait prisonnier par les infidèles, et fut obligé de vendre sa terre pour payer le prix de sa rançon. Elle fut ainsi réunie au fief dominant, et possédée encore une fois par les seigneurs de Châteauroux, c'est-à-dire par les Chauvigny.

Dès l'année 1217, la veille de Noël, Guillaume de Chauvigny affranchit et déchargea les habitants de La Châtre des quatre cas de contributions qui étaient dues aux seigneurs, lorsque le roi faisait le seigneur chevalier, lorsque le seigneur se mariait, lorsqu'il était en guerre dans la Terre-Sainte, et enfin lorsqu'il était prisonnier, moyennant qu'ils lui paieraient dix sols et une géline chaque année, la veille de Noël. A ces conditions, il leur permettait en outre de construire des fours et de moudre leurs grains où ils voudraient. Enfin, il déchargea également la ville du soin de conduire le dernier échevin, monté sur un bœuf, accompagné de quelques habitans notables, jusqu'à la porte de son château, le premier jour du mois de mai.

Nous avons déjà dit qu'Ebbes II fit bâtir une église sur l'emplacement d'une communauté de prêtres, établie sur les ruines de l'ancienne abbaye de Bénédictins. Il la dota encore d'un collège de chanoines. Elle fut la paroisse de la

---

(1) Pierquin de Gembloux, Histoire Monétaire et Philologique du Berri, in-4, Bourges 1839.

nouvelle ville. Il accorda divers droits et priviléges à ce chapitre, que Raoul, dernier du nom, prince de Déols, confirma en 1175. Il donna, entre autres choses, au prieur et aux chanoines, les bancs et les étaux du marché, pour la fondation de son anniversaire; donation que Guillaume de Chauvigny, premier baron de Châteauroux et petit-fils de Raoul, confirma par la suite en y adjoignant les droits qui se levaient aux foires, par charte datée de l'an 1230, et dans laquelle il oblige, en outre, les prévôts et bailli de La Châtre, de prêter serment au prieur et chanoines, de les maintenir en la jouissance des priviléges à eux accordés par les seigneurs de Châteauroux, et cela immédiatement après leur installation.

Guillaume III de Chauvigny confirma tous les priviléges par charte octroyée le 4 février 1260, et Guy I de Chauvigny l'imita dans la charte qu'il octroya le lundi, veille de Saint-Vincent de l'année 1313, amortissant tous les biens des chanoines et les exemptant de la juridiction des juges de La Châtre, jusqu'à ce qu'ils eussent fait le serment de garder leurs priviléges. Confirmation de tous ces priviléges fut faite par Guy II, son fils, le 22 août 1313; par Françoise Maillé, dame d'Aulmont, le 14 février 1524; par Pierre Daulmont, le 14 décembre 1548, et enfin par Catherine Hurault, épouse d'Antoine d'Aulmont, comte de Châteauroux, le 21 juillet 1607.

Depuis long-temps la collation des prébendes appartenait au chapitre, et le nombre en fut enfin fixé à quinze, dont quatre presbytérales, quatre diaconales, quatre sous-diaconales, deux priorales et une qui fut réservée pour les besoins de l'église. Ces priviléges furent également confirmés par une bulle d'Innocent IV, donnée à Lyon le 5 des kalendes d'août, l'an huitième de son pontificat (1245). Le pape déclare, dans cette bulle, qu'il prend sous sa protection les biens du chapitre et fait mention d'une chapelle de Saint-Jean, bâtie au-delà des murs de la ville. Cette circonstance est importante pour déterminer quelle était, à cette époque, l'étendue de La Châtre. Dans la première moitié du XIII⁰ siècle, c'est-à-dire avant que les murailles de la nouvelle ville aient été élevées, l'enceinte de la vieille ville fortifiée aussi, celle que l'on nommait la cité ou du Châteauvieux, prenait depuis le prétendu château de César jusqu'à la redoute de Susset, montait de là au ravelin de la Bourdière, au-dessous duquel était la porte Saint-Louis. De cette porte les nouvelles fortifications allèrent s'élargissant, renfermant la grande rue, la place du Pavé, l'ancienne porte de Bourges ou de Saint-Germain, et venaient se terminer à la porte de César. Ainsi, il n'y avait réellement dans les murailles, nouvellement construites, que l'abbaye Saint-Vincent ou le chapitre qui lui succéda, le château-fort, récemment bâti, et les cinq rues qui existent encore.

Guy III de Chauvigny, baron de Châteauroux, ne fut pas moins libéral que ses prédécesseurs. Par titre du 25 mars 1434, il donna au chapitre cinq cents écus d'or à la couronne, dont le cinquième devait être employé en chappes et ornements destinés aux pompes solennelles du culte, et principalement ensuite à l'embellissement de l'autel placé sous l'invocation de Saint-Jacques, apôtre, et qui est dans le chœur, au midi, près du grand autel. Il fut construit par ce seigneur, pour la révocation du vœu que son père avait fait autrefois d'aller à Saint-Jacques-de-Compostelle, en Gallice. Le reste devait être appliqué en achat d'héritages. A ce somptueux cadeau, Guy de Châteauroux ajouta encore le don annuel de vingt livres tournois, dix septiers de froment, et dix de seigle, mesure de La Châtre, le tout à prendre sur son moulin, situé au-dessous de son château ; et dans le cas où ce revenu ne serait pas suffisant pour acquitter ces dons, il affectait encore à l'acquittement de cet engagement les revenus de toute sa terre de La Châtre. A ces conditions, les chanoines s'engagèrent à faire l'office solennel, à fournir le luminaire nécessaire, le jour de la fête de Saint-Jacques, et à dire, chaque semaine, deux messes basses, l'une pour les morts le lundi, l'autre le mercredi, à l'issue de matines, pour monseigneur Saint-Jacques, et à faire quatre anniversaires aux Quatre-Temps.

Cette succession continuelle d'offrandes, de cadeaux, n'enrichit pourtant point le chapitre de St.-Germain-l'Auxerrois, composé encore, au moment même de la révolution, d'un prieur et de douze chanoines, puisque la cure, laissée de tout temps à la nomination du chapitre, rapportait tout au plus de sept à huit cents livres, et pourtant l'élection de ce curé n'était pas toujours aussi paisible, aussi libre, aussi loyale qu'on pourrait le supposer. Là comme ailleurs l'intrigue s'agitait de mille manières dans ce conclave au petit pied, et la plupart du temps c'était réellement elle seule qui faisait les nominations.

La tradition populaire a conservé plusieurs faits à l'appui de ce que nous disons. Il en est même dont la poésie heroï-comique s'est emparée, avec autant d'esprit que de grâce, pour en faire l'objet d'un poëme dans le genre mixte du Lutrin et de Vert-Vert, du Goupillon et de Caquet-Bon-Bec.

Le poëme dont nous parlons, et qui fait nécessairement aussi partie de l'histoire de La Châtre, fut fait vers la fin du xviii⁰ siècle, par un habitant de cette ville nommé Dubaud. Il est intitulé *le Prieuré*, poëme heroï-comique en sept chants, in-quarto manuscrit, 1783. L'épitre dédicatoire en vers est adressé à Mme la marquise de Villaines. Quoique froid et long, il ne manque point de mérite. La versification en est rapide et facile, elle annonce un véritable talent. La citation textuelle du début de ce poëme jettera quelque intérêt, quelque agrément, quelque variété dans cette histoire; c'est d'ailleurs une justice et une récompense pour l'auteur ignoré de ce badinage. Sous tous les rapports nous ne pouvons nous y refuser. Après ce repos nous continuerons notre course avec plus de plaisir.

Je chante la discorde et les fameux rivaux,
Dont la jalouse gloire et les nobles travaux,
Dans un chapitre altier partageant les suffrages,
Ont, d'un trouble éternel, excité les orages,
Et fait, durant six ans, de leurs brillants complots,
Rire le philosophe et gémir les dévots.
En vain par ses arrêts, un tribunal suprême,
De leurs droits épineux décidant le problème,
Crut, d'un corps divisé par leur ambition,
Extirper le scandale et la division ;
La discorde, sans cesse au chagrin acharnée,
N'en exerça pas moins son audace effrénée,
Et la mort seule, un jour, des fiers compétiteurs
Peut éteindre la haine et glacer les fureurs.
Jadis autre sujet d'une haine implacable,
Fomenta dans leurs cœurs le germe inépuisable ;
L'encens et les honneurs de leurs désirs jaloux
Ne furent pas toujours les objets les plus doux.
Mais loin de rappeler encore à la mémoire
De ces temps reculés la scandaleuse histoire
D'un fait, et plus moderne et plus intéressant,
Muse, retrace-moi le récit important.

Dis-moi, pour obtenir un titre honorifique,
Tout ce qu'a soutenu leur constance héroïque
Et jusqu'où, s'étendant leurs vœux et leur ardeur
Des chanoines fougueux s'est porté la fureur.
Des héros signalés, dans ces longues querelles,
Peins-moi dans leur éclat leurs ames immortelles,
Et pour bien colorer leurs fidèles portraits,
Au léger ridicule emprunte quelques traits.

Et toi, peintre charmant, dont la grave folie
Sur un sujet semblable exerça ton génie;
O Boileau! que ne puis-je, imitant tes travaux,
D'une teinte aussi vive embellir mes tableaux.

Pyrat vivait encore, et déjà la Discorde
A travers les dehors d'une faible concorde,
Dans un corps rarement par la paix gouverné,
Exhalait sourdement son soufle empoisonné.
Déjà de Parnajon la cabale attentive,
N'attendait plus que l'heure à son gré trop tardive;
Et D...., déjà de leurs vastes projets,
Préparait, au besoin, les instruments secrets.
Tout dès-lors, en un mot, par de trop sûrs présages,
D'un avenir funeste annonçait les orages.
Pyrol les pressentait et son cœur vertueux
Gémissait dès long-temps sur ces moments affreux;
Il aurait, sans regret, abandonné la vie,
Si la paix par ses soins, constamment rétablie,
Eut mis un sur obstacle aux maux qu'il redoutait;
Mais gémir et prier fut tout ce qu'il pouvait.
Peut-être Parnajon, moins rempli d'arrogance,
Eut étouffé le trouble encor dans sa naissance;
Et tel, dont il rougit de mériter la voix,
Le plaçait sur la stale et maintenait ses droits.

2

Mais braver le danger est d'un cœur magnanime,
Telle est de son parti la première maxime.
La seule grandeur d'ame est l'intrépidité,
Et la prudence n'est que crainte et lâcheté.
Enfin l'instant arrive où la mort implacable
Tranche les derniers jours du prieur respectable.
Homme vraiment chrétien, vrai ministre de paix,
S'il avait moins aimé l'argent et les procès.

Telle on nous peint des vents l'impétueuse rage
Forçant de leur prison le ténébreux passage;
Ils ébranlent la terre et portent sur les flots
La mort et l'épouvante au sein des matelots.
Telle, peut-être encore avec plus de furie,
On vit la Haine outrée et la Discorde impie
Sur des prêtres en butte à mille passions
A flots précipités distiller leurs poisons.
Parnajon voit pour lui la moitié du chapitre
Ardente, infatigable à soutenir son titre.
Basset est à la tête, et son nom glorieux
Est de ses compagnons le cri victorieux.
Malheur à qui d'entre eux, par une indigne audace,
Voudrait un seul moment le contredire en face!
Sans avoir rien appris, sans avoir jamais lu,
De décider sur tout il a droit absolu.
Il parle: chaque mot de sa docte éloquence
Est un arrêt nouveau qu'on reçoit en silence,
Et jamais de sa tête un projet émané,
Sans d'éclatants succès ne fut abandonné.
Chicot est son second. Chicot dont l'ame illustre
Tient de Parnajon seul et son nom et son lustre,
Et qui par les liens du plus grand des bienfaits
Au char du prétendant est fixé pour jamais.

Naguères dans l'église humble et simple vicaire,
Il fut, par ses travaux, l'idole du vulgaire;
Mais enfin excédé d'un sort trop onéreux,
De chanoine il brigua le ministère oiseux,
Et bientôt il devint, sous l'hermine fatale,
De prêtre pacifique un héros de cabale.

Moins hardi que Basset, moins fier, moins emporté,
Mais non moins ignorant et non moins entêté,
Vivier marche après eux. Au sein de la vieillesse
On voit encore en lui l'ardeur de la jeunesse.
Du corps canonial vénérable doyen,
Pétillant, vif à tout et n'avançant à rien,
Aux ordres de Basset aveuglément docile,
Ministre vertueux, mais chanoine inhabile;
A ces illustres noms, par l'exemple entraîné,
Se joint du feu prieur le neveu fortuné.
Paysan de naissance, il fit dès son jeune âge
De différents métiers le vain apprentissage;
Fut d'abord laboureur, tailleur, garçon meûnier,
Chez son oncle de là valet et palfrenier.
Impropre à tout état et né sans patrimoine,
Le prieur désolé le fit enfin chanoine,
Et de ses biens acquis par un pieux labeur,
Le laissa par sa mort unique possesseur.
Stricte dans ses devoirs, le cœur plein de franchise,
Faisant le bien par goût et le mal par bêtise.

Au projet concerté de ces doctes cerveaux
S'opposent à grand bruit quatre guerriers nouveaux.
Rousselet se distingue à sa voix rude et fière,
Basset plus d'une fois fit trois pas en arrière;
Insolent et grossier, mais capable, en deux mots,
De terrasser Basset et ses dignes suppôts.

Du tombeau sous ses pas en vain s'ouvre l'abime,
Rien ne saurait dompter la haine qui l'anime.
Fléau de Parnajon, son plus grand ennemi ;
Le voir à ses côtés, sur le trône affermi,
Est le plus grand des maux que son ame redoute.
Quoi ! disait-il, d'un ton qui fit trembler la voûte,
Nous souffrirons, amis, ce paillard orgueilleux
Etalant fièrement son triomphe à nos yeux !
Témoin de ses succès, témoin de son audace,
Moi-même, je verrais.... ô fureur ! ô disgrâce !
Si ma force jamais vient à se rétablir,
Mon bras à l'encenser contraint de s'avilir.
Ah ! plutôt de souscrire à tant d'ignominie
Que cette main m'arrache et le crâne et la vie !

  Libres de ces transports, de ces fougueux écarts,
Pinon et Selleron suivent ses étendards.
L'un tout voluptueux, de membre du chapitre
N'a que les revenus, ne porte que le titre,
Déteste les travaux de son canonicat,
Donne tout au plaisir et rien à son état ;
Voit la paix ou le trouble avec indifférence,
Et nuit à Parnajon, sans haine, sans vengeance.

  L'autre de ses devoirs gardant l'extérieur,
Dévorant en secret le titre de prieur ;
Trop faible pour former des brigues soutenues,
Jalouse son parent et traverse ses vues.

  Muet dans le conseil, timide à l'action,
Sensé, mais sans génie et sans expression,
Au regard foudroyant, à l'auguste parole,
Sous les mêmes drapeaux le grand Coulmain s'enrôle.
Déjà pour obtenir un grade dans le chœur
On l'a vu de Basset, redoutable vainqueur,

Mépriser Parnajon, et forcer la cabale
A respecter ses droits, et lui céder la stale.
Plein d'esprit, de talents, mais fiers impérieux,
Bien accueilli partout et partout odieux.

    Telles au champ de Mars deux terribles armées,
De l'attrait de l'honneur vivement animées,
N'attendent que l'instant, que le signal heureux
Qui va donner l'essor à l'ardeur de leurs feux.
Tels ces héros sacrés que l'intérêt partage,
Brûlaient de signaler leur zèle et leur courage;
Et trop impatients de leurs sombres fureurs,
Se lançaient à l'envi, les traits avant-coureurs;
Lorsqu'au bruit imprévu des premières alarmes
On vit la Vanité sortir de chez les Carmes,
Où déjà sa présence à ces religieux
Annonçait de Lémul le règne glorieux.
Elle accourt, et voyant qu'un titre magnifique,
Du trouble qui s'apprête est le sujet unique,
Songe que le plus cher de ses adorateurs
Seul, d'un poste si beau, mérite les honneurs.
Quel charme pour Néraud, dit-elle, quelle gloire,
D'avoir sur Parnajon une illustre victoire!
Comme lui ce chanoine, au pied de mon autel,
Me rendit de tout temps un culte solennel.
Mais Vilgondoux l'emporte, et son brillant hommage,
Toujours sur son émule obtiendra l'avantage.
Courons donc ranimer ses désirs languissants,
Et lancer dans son cœur mes traits les plus puissants.

    Elle dit, et pour mieux commencer son ouvrage,
Du savant Sabardin elle prend le langage;
D'un habit de gendarme à l'instant se revêt,
Et dès l'aube naissante arrive à Mongivet.

Néraud était au lit : un sommeil salutaire
De ses pavôts encor lui couvrait la paupière.
La Déesse entre, approche : ô surprise ! ô douleur !
Elle voit dans les bras du généreux pasteur
Le cher et digne objet d'une sainte tendresse.
A l'aspect odieux d'un couple qui la blesse ,
La vanité recule , et fermant le rideau :
M'attendais-je , dit-elle , à cet affront nouveau !
Quoi ! de tous les mortels qui me rendent hommage ,
Le plus cher à mon cœur me fait un tel outrage !
Et Néraud oubliant sa naissance et son rang ,
Dans un commerce vil déshonore son sang.
Fuyons.... Ah! par pitié , dans son ame fidèle ,
Faisons revivre encore et l'honneur et le zèle.
Lève-toi , prêtre ingrat , poursuit-elle d'un ton
Que dictait la colère et l'indignation.
Quoi ! tandis qu'à la ville une place honorable ,
Pique de Parnajon l'ardeur infatigable ,
Tu dors : c'est donc ainsi que rebelle à mes lois ,
Tu trahis leur empire et méconnais ma voix ?
Vois ce chanoine heureux qui te haît et te brave ;
Vois-le des dignités noble et brillant esclave ,
D'un poste glorieux , par ses efforts puissants ,
Disputer dans le chœur , la conquète et l'encens.
Tu dors ? Ah! si pour toi la gloire à quelques charmes ,
Lève-toi : contre lui daigne prendre les armes.
Déjà pour seconder tes généreux exploits ,
Quatre héros ardents n'attendent que ta voix.
Parle , vole à leur tète , et je vois , éperdue ,
S'enfuir de ton rival la troupe confondue.
Mais que dis-je ? Est-ce à moi de te solliciter ?
Ton cœur est-il encor digne de m'écouter ?

Va , je te laisse en proie au penchant qui t'engage ,
Reste dans la campagne et jouis sans partage
Le reste de tes jours , pasteur infortuné ,
Des serviles faveurs d'un objet suranné.
Le plus profond mépris est la seule vengeance
Que je daigne tirer d'une semblable offense.

   De la chambre à ce mot elle sort brusquement ,
Se dépouille en chemin de son déguisement.
Et dans le noir dépit dont son ame est remplie ,
Revole comme un trait chez les enfants d'Elie.

   Vilgondoux se réveille et tout épouvanté ,
Croit encore à son lit voir la divinité.
Ses reproches amers et sa voix menaçante ,
Retentissent au fond de son ame tremblante.
Il se tourne , s'agite , enfin plus éveillé ,
Se lève et de chez lui sort à peine habillé.
Envain de ses soucis la tendre confidente ,
Court après lui , l'arrête , et d'une voix tremblante ;
Qu'est-il donc arrivé , lui dit-elle , et pourquoi
Voulez-vous si matin vous séparer de moi ?
Quel sujet si pressant , quelle affaire subite ,
Malgré le temps qu'il fait , vous fait partir si vite ?
Modérez , répond-il , une importune ardeur ,
Et laissez-moi pourvoir aux soins de ma grandeur :
Je vais à mes amis porter une nouvelle
Qui doit les enchanter et ranimer leur zèle.

   Vos amis , ô grands dieux ! sans vous incommoder ,
Ici même , à l'instant , ne peut-on les mander ?
Il n'est , vous le savez , de temps qui les arrête.
Faites-leur , par saint Pierre , annoncer une fête ;
Et bientôt à sa voix , au risque de périr ,
En foule sur ses pas on les verra courir.

Elle dit, et soudain le messager agile
Reçoit l'ordre précis et vole vers la ville.
A son appartement le curé reconduit,
Pour se tranquilliser va se remettre au lit.

Le poète Dubaud continue ainsi, pendant les six autres chants, à raconter les détails historiques de cette élection. Nous ne pouvons le suivre et nous en avons assez transcrit, tant sous le rapport de l'histoire qui nous occupe que sous celui du talent littéraire de ce poëme, qui mérite mieux que mille autres les honneurs de l'impression. C'est peut être le seul moyen de le préserver d'une perte inévitable et de prévenir les altérations ordinaires aux manuscripteurs. Il serait facile d'ailleurs d'en trouver de bonnes copies chez le grand nombre de personnes de La Châtre qui s'occupent avec succès de littérature. Reprenons maintenant le fil de notre histoire.

Plusieurs fiefs relevaient de cette riche et belle châtellenie et entr'autres la justice et seigneurie de Sarzay, Briantes, Angibaut, Thevet, Maugivray ou Montgivray, Montlevic, Virolau, Thary, Pont-sur-Yon, Bellefont, Ars, l'Aleu, Nohant, Vieilleville, la Prugne au-Pot, etc. Les habitans de La Châtre, qui figurent si rarement dans l'histoire de leur propre ville, parce qu'à ces époques d'une barbarie inévitable la noblesse et le clergé constituaient seuls la nation, étaient primitivement serfs taillables et mortaillables à merci. Ils durent enfin la liberté, dont ils n'abusèrent jamais, à Guillaume, seigneur de Chauvigny et de Châteauroux, qui, comme nous l'avons vu, par charte de l'année 1216, les affranchit. Ce seigneur doit donc être compté, non seulement parmi les bienfaiteurs de La Châtre, son nom ne saurait être oublié, mais encore au premier rang parmi les princes qui, dans ces temps d'ignorance, comprirent en effet que la liberté de leurs sujets était plus profitable que leur esclavage ou servitude.

Peut-être ce noble et généreux exemple ne fut-il même pas sans quelqu'influence sur cette série d'actes, presque tous postérieurs, qui affranchirent tant de communes ou qui en fondaient tant de nouvelles en les affranchissant, ainsi que l'annonçaient quelquefois leurs noms. Expressions différentes d'une même idée d'économie politique tendant à prouver que les seigneurs féodaux finirent par comprendre que leurs intérêts les plus grands et les plus forts étaient étroitement liés à l'indépendance de leurs sujets. L'un des rois de France qui connut le mieux cette saine théorie des richesses nationales, dont tous les faits démontrèrent depuis le fondement et la vérité ; celui qui porta par conséquent le plus terrible coup à la féodalité, qui contribua le plus aussi à l'émancipation du peuple, celui qui naturellement mérita beaucoup mieux que son perfide et déloyal gendre le surnom de père du peuple, Louis XI enfin confirma l'affranchissement de la ville de La Châtre, par une ordonnance sur parchemin, datée du 10 février 1462.

Cette ordonnance, l'une de ces richesses diplomatiques échappées au vandalisme révolutionnaire et inconnue au zèle infatigable des historiens, intervint à la suite de débats survenus entre messire Guy de Chauvigny, seigneur de Châteauroux, vicomte de Déols, et François de Chauvigny, escuyer, vicomte de Brosses, comme cessionnaire de son père, alors chambellan du grand roi Louis XI. Ce haut fonctionnaire, infidèle aux doctrines économistes et politiques de son maître, prétendait qu'il avait le droit, suivant les coutumes et usances des notaires du Berry et le droit commun, et tout cela depuis si long-temps qu'il n'étoit mémoire du contraire, d'imposer aide raisonnable qui, selon l'usance, se nomme questes sur chascun desdits habitants, ès cas qui étoient de droit, appellés cas de loyaulx aides, c'est à savoir, car nous continuons de transcrire fidelement, quand il marie ses filles, quand il va en guerre contre les ennemis de la Foy, quand il est fait chevalier de nouvel, et quand il serait prisonnier de ses ennemis pour le rachapt de prison. A l'appui de ses prétentions exorbitantes et ridicules, le noble chambellan énumère ensuite plusieurs exemples de chacun de ces cas.

Guy de Chauvigny ayant transporté ces mêmes droits à son fils aîné, François, et ce dernier par vertu de certains lettres royaulx de committimus ayant fait faire commandement à cause du mariage de madame Antoinette de Chauvigny, sa fille aînée, avec M. de La Roche-Cerbon, à présent seigneur de Maillé, aux dicts habitants de payer leur quote et portion de ladite queste, *dont ils furent refusants la plus part*, et pour ce, leur fut journée assignée devant mes dits sieurs tenant les dites rèquestes, réclamant bonne et juste cause. Le sieur de Chauvigny disait encore que par la coutume du Berry *tous les habitants au dit pays, vivant roturierement, sont serfs et de serve condition, taillables par chacun an de taille ordinaire;* que pour être libres de la taille ordinaire, lesdits habitants composèrent avec aucun de ses prédécesseurs, seigneurs dudit lieu de La Châtre, moyennant dix sols et une géline, chascun an à perpétuité à chascune vigile de Noël.

Là ne se bornait même point encore tout ce qu'aurait voulu le noble et puissant seigneur de Chauvigny, car l'acte conservé à la municipalité de La Châtre, comme un glorieux monument de la victoire de la servitude sur la féodalité, comme le témoignage de l'un des premiers pas, fait par le peuple, vers sa juste et raisonnable émancipation, cet acte porte encore : disait plus mon dict seigneur de Chauvigny , qu'il estoit fondé de droit commun en sa dicte ville et cha- tellenie de La Chastre d'avoir la correction et cognoissance par ses juges et officiers de tous crimes et délits commis et perpétrés par les dicts habitants ses subjects, et les pouvoient les dicts juges emprisonner ou faire emprisonner et iceulx détenir et garder en prison fermée sans les eslargir à cau- tion ne autrement jusques à ce que pugnicion en fut faite , mêmement quand les crimes et délits pour lesquels ils sont prins et détenus prisonniers, requièrent pugnicion corpo- relle , afin que les délits ne demeurent impugnis.

Les énergiques habitants de La Châtre se prévalant les premiers de droits sacrés enfin reconnus , disaient, de leur côté, en 1217, au mois de décembre , le noble et puissant seigneur, de bonne mémoire, Guillaume de Chauvigny, seigneur de Châteauroult et de La Chastre , voulut que nous et nos hoirs fussions libres et quittes de toute taille à per- pétuité, réservés uniquement les dix sols tournois et la gé- line, que chascun chef d'ostel et père de famille serait tenu de payer, la veille de Noël, qui la pourrait payer, et les autres moindres sommes, selon leur pouvoir et faculté à l'estimation et arbitrage de quatre prudhommes d'iceulx ha- bitants , et que du dict octroy ils avaient toujours joy sans contredit au veu et seu de mon dit seigneur de Chauvigny, et , ajoutent-ils en parodiant le langage de leur suzerain , de si long-temps qu'aussi n'étoit mémoire du contraire , sans avoir été imposé à taille ne à queste pour mariage de filles ne autres cas dessus déclarés ou prétendus, et que si le temps passé, au dit cas de mariage de filles et de sœurs, ils lui ont aidé d'aucune chose , ils l'ont fait par manière de don et de libéralité, sans aucunement préjudicier à leur liberté, à leur franchise, à leur immunité, comme par eux expressément il fut dit en lui faisant le dict don ; et pour ce, ils disaient encore énergiquement, qu'ils n'étoient rien tenus à mon dit seigneur de Chauvigny, ni à mon dit seigneur de Brosse, son fils, pour l'aide et queste audit cas de mariage de fille ou de sœur ou autres dessus déclarés.

Disoient plus encore, lesdits habitants, que par ledict privilége à eulx octroyé par feu dict Guillaume de Chauvigny il leur avait été octroyé qu'ils ne seroient détenus prisonniers tant qu'ils pourroient satisfaire à justice ; sinon pour meurtre, pour furt (vol) et pour rapt. Que pour la conduite du dict procès ils avaient obtenu du roi certaines lettres royaulx pour mectre et asseoir sur tous et chacun d'eulx pour la conduite de leur dict procès certaines sommes de deniers, et que par vertu des dictes lettres, les dicts habitants pour les quels monseigneur de Chauvigny a prins la cause et défense, tant au dit siége d'Issouldun que de Xaincoins et autres y avaient été assis et imposés comme les autres habitants du dict lieu de la Chastre et le dict impost mis sus par le consentement de tous, vu de la plus grande et saine partie d'iceulx, selon la teneur des dictes lettres royaulx.

Ce langage énergique et fier serait à peine croyable s'il n'était duement authentiqué par de hauts fonctionnaires royaux. On ne concevrait point. en effet, que les serfs, à une époque où la féodalité, si vivace encore et morte seulement sous Louis XIV, osassent parler sur ce ton à leur propre seigneur. Il n'y a réellement qu'un moyen d'expliquer cette belle attitude d'une indépendance anticipée, c'est en se rappelant l'origine et le caractère des fondateurs de la ville de La Châtre : c'est en n'oubliant point que sur chacune de leurs tentes les vicaires du Rédempteur avaient écrit ces belles paroles de leur maître : *Liberté-Egalité*. A cette cause puis-

sante et décisive, il faut joindre encore les idées et les for-
mes nouvelles que le gouvernement de la France cherchait à
établir par la main éclairée et forte de la puissance royale.

Dans cette lutte exemplaire du peuple contre l'aristo-
cratie, l'opinion des manants et habitants fut unanime,
mais il est bon d'offrir aux respects et à l'admiration filiale
des habitants de La Châtre les noms vénérés de leurs ancê-
tres qui figurèrent au procès et qui le soutinrent. Ces noms,
en effet, méritent d'être conservés. C'est un titre honorable
que peu de villes peuvent offrir dans les fastes de l'indépendance communale, c'est un honneur héréditaire que peu
de Français peuvent plus légitimement revendiquer, c'est un
exemple que leurs descendants ne démentiront point. Voici
les noms de ces généreux défenseurs des droits de l'homme ;
tous étaient présents au moment de la transaction dont nous
parlerons bientôt.

Jehan Maigny, Regnaul Brinon, Jehan Madinet l'aîné,
Guillaume Le Mareschal, Pierre Servent, Jehan Estabignac
Pierre Thevenet, Vincent Rebillon, Pierre Dumez, Guil-
laume Tivot, Guillot de Morez, Pierre Pinthoas, Garnier,
Jehan Madinet le jeune, Pierre Charros, Jehan Sonnailhon,
Guieunoys, Jehan Chastelain le jeune, Girault de Bordes,
Math. Tixier, Marc Tutin, Laurent Bernard, Jehan Allegret,
Guillon, Maublanc, Ginon, Duclos, Jehan Dulos, Micheau,
Galet, Martin Prustemol, Phil. Taget, Jehan Dumoulin, Pierre
Nadat, Jehan Potachard, Joachim Mercier, Pierre de l'Hos-
pital (1), Colin Blanchet, Jehan Augignet, Pierre Bouland,

---

(1) Selon toute probabilité la famille de Michel de l'Hospital était
originaire de La Châtre. Cette supposition expliquerait comment ce
fut une duchesse de Berry, Marguerite de Valois, qui fut la cause

Guillaume Aujust, Adam Tabuffe, Thomas Lijault, Guillaume Miregnes, Jehan Sale le jeune, Jehan Perrichot, Vincent Legay, Pierre Audebert le jeune, Pierre Philippe, Pierre Verachon, Martin Pasturault, Pierre Dupuy, Pierre Blondeau, Simon, Johanneau, Pasquet, Meillan, Jehan Nicolandon, Etienne Poisle, Pierre Maridat, Etienne Mestivier, Jehan Sale, Lesnel, Etienne Bourdesol, Jehan Martin, Etienne Bourdon, Pierre Duformon, Jehan Ausoult, Pierre Boussel, Jehan Lesaige, Pierre Aujust, Jacques Pilet, Mathurin Charretier, Denis Guillot, Thomas de Villebasse, Jehan de Lafont, Jehan Luquel, Hugues Duclos, Pierre Maigny, Henri Bardet, Denis Charretier, Antoine de Querelles, Jehan Godin, Jean Vaguin, Guillot Grangier, Colas Badin, Jehan Sale dit Chorrat, Rollet, Le Bergnier, Jehan Vincent, Etienne Jehannichon, Robert Aujust, Jehan Boudin, Tixier Jehan, Miregnes, Robin, Teunart, Jehan Bejaud, Jacquet, Goyer, Etienne de la Chauline, Jehan Moreau le jeune, Pierre Bredinat, Jehan Vouliat, Jehannin, Estabignac, Simon Brugnaud, Simon Giraud, Mathieu Aufaure, Guillaume Chastelain, Gilet, Lijault, Crégoire Godray, Pierre Bersoles, Pierre Peraud, Guillaume Boulier, Jehan de Pereblanche, Guillaumin, Chuchin, Etienne Vigner, Jehan Jobert, Jacques Bressier, Pierre Robinet, Pierre Gravinet, Pierre Brisons, Pierre de Marcillac, Pierre Laboureux, Jehan de Bar, Jean Delaveau, Guillaume Michau, Jehan

---

unique de l'éclatante justice rendue à l'illustre chancelier de France. Son père ayant quitté la médecine, dirigeait, à Moulins, les affaires du connétable Charles de Bourbon, qui le nomma auditeur de ses comptes à Moulins même, lui donna deux villages dans le comté de Montpellier et la terre de Bussières, en Auvergne, ce qui explique la naissance accidentelle, hors du Berri, de Michel de l'Hospital.

Tortat, Marc Brisebarre, Vincent Rebilhon, Jehan My, Pierre My, Jean-Denis Jolis, Jacquet, Desarbres, Pierre Berthon, Jehan fils de Madinet l'aîné; Mathieu Mytardon, Jacquet Estabignac, Pierre Bardet, Jehan Ronsart, Pierre Tahourin, Jehan Pichon, Laisnel, Jehan Amyard, Simon Charron, Sebastien Audrault, Micheau, Boutel, Etienne Bailler, Pierre Darmes, Simon Durand, Jehan Giraudon, Jehan Godard, Guillaume Vigner, Jacquet Bourdeau, Thomas Chabin, Jehanninet, Arcambout, Pierre Giraudon, Jehan Betoulat, Jehan Pinot, Martin Descosse, Jehan Brise-barre, Jean Saiget, Laurent Deschamps, Florentin Huguet, Bourdin, Marc Guillaumin, Michau, Baudin', Pierre Toureau, Pierre Ygonnot, Martin Berthon, Jehan Boutet, Guillaume de Laloge, Pierre Barrault, Jehan Petiot, Thomas Barrault, Jehan Petit, Pierre Estabignac, Martin Bonjèhan, Joseph Turmier, Jehan Bailler, Jehan Dardonnet, Pierre Moquet, Loys de Menoix, Urban Marchoix, Pierre Lallier, Pierre Vadureau, Marc Baudin, Jehan Estabignac, Marc Daulphin, Regnault, Bonneau, Mathelin, Guillaunet Pierre Moreau, Jehan Moreau le jeune, Mathurin Goyon, André Aubouie, Antoine Carrevenier, Guillaume Lorrain' Colas Chaval, Antoine de Vrielle, Philippon Chautosine, Guillot Blondeau, Claude Guibert, Guillot Desarbres, Jehan Girault, Jehan Vaurry, Marc Plantelin, Jehan Aubra l'aîné Guillaume Andrichon, Berthonier, Chantosine, Jehan Thevenet, Jean Courtaud, Jehan Porcheron, Jehan Meillan, de Las, Etienne Perrot, Pierre Torlaud, Jehan Delaige, Pierre Soulas, Guichard, Greillet, Guillaume Vigier et Jehan Gomet, Cordier, faisants et représentants la plus grant et saine partie de tous lesdicts habitants de ladicte ville et chatellenie de la Chastre et pour eulx leurs hoirs et leurs successeurs.

Quoiqu'il en soit, Louis XI, qui ne faisait point sans doute les occasions mais qui les attendait toujours et ne les manquait jamais, saisit habilement celle que lui présentaient les prétentions du seigneur de La Châtre, et grâce à la puissante intervention du roi, né à Bourges, la transaction suivante intervint entre les habitans et leur seigneur. D'abord le premier magistrat de la ville fut dispensé d'aller rendre hommage au seigneur, à la porte de son château, monté sur un bœuf, et cela le premier jour du mois de mai, c'est-à-dire alors que la nature prend dans tous les sens un magnifique essor de nouvelle vie et de nouvelle liberté. Cet hommage en effet exaltait beaucoup trop la puissance seigneuriale et n'abaissait pas moins d'autant le pouvoir populaire qui tendait à se débarrasser enfin de ses chaînes, de ses entraves. De plus, touchant le faist de ladicte queste ou aide que mondict seigneur a affranchis et privilégiés, affranchit, exempte et privilégie par ces présentes èsdicts quatre cas dessus déclarés, eulx et leurs hoirs et successeurs habitants dudit lieu et châtellenie de La Chastre, moyennant la somme de *cinq cents écus d'or courants* à vingt-sept sols et six deniers tournois pour escu. Desquels cinq cents escus d'or lesdicts habitans ont aujourd'hui acquité ledict monseigneur de Chauvigny envers le prieur et le chapitre de Saint-Germain de La Chastre, ainsi que ledict Monseigneur a dit et confessé par devant lesdicts jurés et dont icelui Monseigneur s'est tenu et tient pour content de sesdicts habitants et iceulx leurs hoirs et successeurs en a quicté et quicte par ces présentes, sauf les dix sols et la géline qu'ils devront à perpétuité, tant en abaissant l'impôt jusqu'à deux sols pour un quart de la population et moyennant toutes et chacune les choses des susdictes et icelles demeurants en leur force et vertu, lesdicts habitants et leurs successeurs demeurent quictes de tous autres droits et mortailles, tailles et questes que ledict seigneur et sesdicts successeurs pourraient demander, ou autres servitudes personnelles quelconques concernant le corps et personnes desdicts habitants.

Douce liberté, privilége de la nature que le sang n'a point souillé et qui ne fut conquise qu'au poids de l'or. Cette transaction assura la paix entre les deux camps, sans toutefois effacer leur inimitié réciproque. Le seigneur, perdait avec douleur quelques-uns de ses droits, que l'or ne remplaçait même pas dans son esprit; le citoyen, déplorait bien plus ceux auxquels il restait encore soumis. Néanmoins aucun nouveau trouble ne vint agiter la jouissance paisible des priviléges populaires. Ce calme plat dura jusqu'au mois de février 1740.

Par contrat du 24 janvier 1575, André de Chauvigny, dernier du nom, étant mort sans enfant, laissa tous ses biens aux maisons d'Aulmont et de Latour. Les terres de La Châtre, échues en partage au sieur d'Aulmont, furent vendues par lui-même au sieur de Latour, moyennant ce qu'il prétendait lui appartenir en la forêt de Saint-Chartier, pour demeurer quitte envers lui de ce qu'il lui devait pour le prix de vente de Dun-le-Palleteau. En 1580, le seigneur de Latour vendit la châtellenie de La Châtre à messire Louis Dupuy, chevalier, seigneur de Nazelles, et d'Isabeau de Sorbières, son épouse, veuve de messire Louis Foucaud, seigneur de Saint-Germain, auxquels l'acheta, en 1586, messire Jean d'Aulmont, comte de Châteauroux, maréchal de France, pour la somme de sept mille écus d'or. La cour du parlément adjugea la châtellenie de La Châtre, le 23 février 1607, à Catherine Hurault, épouse de messire Antoine d'Aulmont, comte de Châteauroux, pour la somme de quarante-deux mille livres. Le comte de Châteauroux et son épouse la vendirent ensuite solidairement, par contrat du 8 février 1614, et pour la somme de soixante-neuf mille livres, à Henri de Bourbon II, prince de Condé. Par ce moyen la terre de La Châtre fut encore une autre fois rattachée à sa seigneurie dominante. Elle n'était alors qu'un marquisat.

Au mois de février 1740, le pouvoir royal, abusant scandaleusement de son autorité, vint jeter dans l'ame des habitants de La Châtre un levain de courroux et d'indignation, dont la sagesse des habitants comprima l'explosion. Le bailliage, qui depuis si long-temps existait à La Châtre, fut brusquement, et sans aucun motif politique, transporté dans le chef-lieu actuel du département de l'Indre, et cela tout simplement pour être agréable à la duchesse de Châteauroux, alors favorite du roi. Louis XV convertit ce bailliage en prevôté royale. Le mécontentement, que ce favoritisme dégoûtant, excita fut général ; l'indignation fut à son comble, et loin de réparer ce tort, le gouvernement l'aggrava en le punissant. Dès ce moment La Châtre cessa d'être ville royale; nouvel honneur réservé à cette ville qui se vit enlever, par l'amant de la Dubarry, ce que lui avait donné celui de Gabrielle.

Le souvenir de cette injustice, perpétué par l'absence du privilége dont jouissait une ville voisine, se transmit des pères aux enfants, et cinquante ans plus tard fit une explosion qui ne fut pas toujours privée de quelques excès. La châtellenie de La Châtre fut complètement affranchie par la révolution, qu'elle appelait de tous ses vœux, et qu'elle opéra si rapidement dans l'étendue de sa juridiction. Chef-lieu du plus bel arrondissement de ce nouveau département, elle n'a pas manqué une fois à la cause de la religion, qui lui donna la liberté, ni à la liberté qui protége et défend la religion.

Telle est l'histoire, heureusement fort courte, d'une ville paisible, exclusivement livrée à l'agriculture, à l'industrie, au commerce. Examinons maintenant ses différents monuments. Nous passerons ensuite à ceux que possède aussi l'arrondissement dont elle est le chef-lieu et à leur statistique.

Celui dont nous devons nous occuper d'abord, se lie intimement à toutes les phases de son histoire : il existait avant elle, et l'on pourrait le considérer comme sa véritable mère ; puisque La Châtre n'est, après tout, que la fille de l'église de Saint-Germain.

ÉGLISE SAINT-GERMAIN. — On ne connaît absolument rien sur l'histoire de l'église-mère de La Châtre. Toute tradition est perdue, tout souvenir est éteint. Pour remplir cette lacune, il faut donc avoir recours aux lumières de l'archéologie. Nul doute que là n'est point l'église primitive : celle qui subsiste est pour ainsi dire toute moderne; une autre dut donc la précéder, et ceci me paraît incontestable. Elle fut élevée, comme d'habitude, sur le même emplacement. Nous en acquerrons la certitude et nous saurons en même temps sa date, si nous fixons un instant notre attention sur le style du porche actuel de l'église Saint-Germain. C'est bien évidemment celui de l'église antérieure, dont un accident inconnu aura détruit tout le reste. La preuve en est dans l'exhaussement du sol, partant dans l'abaissement de ses ouvertures, dans le peu d'élévation actuelle de ses colonnes, qui témoignent aussi en faveur de cet exhaussement considérable de terrain et qui expliquent encore pourquoi le sol même du porche a été exhaussé. La date de sa fondation ne saurait être positive ; mais les accidents géologiques dont nous venons de parler et que l'on peut constater dans tous les monuments antiques, joints au style architectural du porche, ne permettent pas de la fixer plus tard que du neuvième au dixième siècles.

Quels accidents anéantirent cette première église, dont ce lambeau seul est resté comme pour attester son existence ? C'est ce qu'il est impossible de dire. Ce qu'il y a de certain, c'est que vers le xve siècle au plus tôt on commença celle qui subsiste, et qui aurait été vraiment belle si elle avait pu être terminée. Comme la cathédrale de Cologne c'est une belle idée non achevée. Telle qu'elle est, elle offre une circonstance commune à la plus grande partie des églises, mais tellement prononcée, que l'on peut considérer celle-ci comme unique en Europe : c'est l'inclinaison très-forte de la nef qui forme une traduction hiéroglyphique du sublime *consummatum est*. Cette inclinaison est si marquée en effet, dans l'église de La Châtre, qu'on pourrait, à la rigueur, la considérer comme un coude, comme un angle. Quoiqu'il en soit, cette nouvelle construction fut évidemment suspendue pendant quelque temps. Quelle en fut la cause ? C'est également ce que nous ne pouvons savoir. Comme à Cologne encore, la partie terminée, le chœur, servit seule aux besoins du culte et du chapitre. On finit par s'apercevoir que le disparate occasionné par l'éloignement du porche à l'église devait disparaître, et cette lacune fut remplie avec toute la pauvreté d'exécution et d'argent qui accompagne depuis près de deux siècles l'érection de ces monuments dans les petites villes. L'église fut donc terminée dans un style tout différent, unie au porche antique et livrée aux saintes cérémonies ; plus tard des chapelles furent placées successivement de chaque côté de la nef, et permirent de faire des nefs latérales. C'est ainsi que ce monument devint d'une complète irrégularité, et si l'on veut y trouver quelques parties dignes d'éloges, ce ne sera que la hardiesse étonnante de deux vastes arceaux à plein ceintre. On ne peut rien dire du clocher, à l'entrée de l'église ; il n'existe plus.

Aux quatre coins du grand autel du chœur on plaça quatre piliers en cuivre. Sur l'un d'eux fut gravée l'inscription
suivante :

> Grâce à Dieu ces beaux piliers
>
> Où le cuivre est plus de deux milliers,
>
> Donnés furent en bonne guise,
>
> Au chœur par chanoines de l'église;
>
> Révéremment en bons octrois,
>
> Droit l'an mil cinq cent trois.

Un autre pilier, plus beau, plus élevé, fut également
placé derrière l'autel. Il était destiné à servir de suspensoir
pour le saint Sacrement.

Il fut mis ensuite dans le chœur, un ange servant de pupi-
tre, et sur lequel était cette inscription :

> Ici m'a mis Jehan Desmarais,
>
> Prieur de céans, curé de Thevé,
>
> Mon bienfaiteur envers Dieu je connois,
>
> Selon bienfaits iceulx sera honoré.

Au-dessus de cet ange est un très-beau lustre à plusieurs
branches, donné par un chanoine nommé Vivier.

Jean Daulmont, seigneur de La Châtre, fit placer un banc
dans le chœur, du côté de l'épître, et fit mettre au-dessus sa
statue en pierre, celles de sa femme et de son fils, tous trois
à genoux, dans l'attitude de la prière. Elles ont été détruites
pendant les orages révolutionnaires.

Le vitrail du pignon, au fond du chœur, mérite d'être
étudié. Il représente les principales scènes de la vie, de la
passion et de la mort du Sauveur des hommes, ainsi que sa
résurrection, son ascension, la descente du Saint-Esprit, la
mort et l'assomption de la Mère sans tache. Saint-Germain-

l'Auxerrois, patron de l'église, les quatre Evangélistes, et enfin les armes de l'ancien chapitre, c'est-à-dire un écu d'or avec cette devise :

Quitte et quitte un escu d'or

à la mort.

Probablement allusion ou souvenir de l'événement dramatique arrivé sous Louis XI, ou peut-être avertissement indirect aux fidèles de gagner la vie éternelle par le bienfait des aumônes.

A l'extrémité de cette vitrerie sont les armes des princes de Bourbon-Condé, de Déols, de Chauvigny, d'Aulmont, de Nicolas de La Châtre, de Chamboran, de Dupuis, d'Hérault, de Vantadour ou de Langé, du Quejoisson, et enfin celles de la ville.

On trouverait une date à l'appui de notre opinion sur la nef latérale droite, dans la forme des vitrières, qui subsistent encore et qui ne manquent point de mérite. Il est vivement à regretter qu'elles soient masquées aujourd'hui par une pesante et laide tribune, à laquelle une autre fait pendant et qui n'offre de remarquable qu'une galerie en bois sculpté, qui méritait d'être conservée. Elle paraît dater de l'époque de la construction du chœur actuel de l'église.

Les ornements de l'église n'ont rien de leur richesse antique. Je ne parle point des prétendus tableaux du Poussin ou de van Dyck, qui, bien certainement, ne sont ni de l'un ni de l'autre de ces grands maîtres. On peut en dire autant d'une Vierge, des maîtres français Vouet ou Santerre, que l'on attribue aussi à tort à l'illustre Sébastien Bourdon, et qui ne me paraît être autre chose qu'une copie de la Vierge de Carlo Dolce, qui se trouve au château de Chenonceaux, en Touraine; un portrait de femme, peinte en Magdelèine est le pendant, à la fois ridicule et mauvais, de cette toile, qui n'est pas sans quelque valeur.

Les seules peintures de l'église de La Châtre, qui méritent quelqu'attention, après la grande et belle page de saint Germain distribuant des aumônes devant son palais, que l'on doit à l'élégant pinceau de Heim, c'est la Magdeleine de Neigeon, peintre de l'école de Lyon, qui peut bien avoir le mérite du dessin et du coloris, mais qui n'a pas à coup sûr celui de l'invention; le tableau de la Pentecôte, peint par Boucher, de Bourges, qui offre plusieurs parties que nos plus grands maîtres ne répudieraient point. Tout le reste ne vaut réellement pas l'honneur d'être cité.

HÔTEL-DIEU. — Lorsque La Châtre, naissant pour ainsi dire, n'eut plus dans son sein la source intarissable de miséricordes, de bienfaits et d'aumônes des pieux cénobites de l'abbaye de Saint-Vincent, le peuple devint de plus en plus misérable. Les habitans, que l'agriculture avait enrichis, se réunirent alors, prirent en pitié la position malheureuse de quelques-uns de leurs concitoyens et firent bâtir, avec l'autorisation d'Ebbes II, vers l'an 1100, un petit hospice autour de la tour de César, sur la rivière; mais en 1190 les habitans obtinrent de Philippe-Auguste que les revenus des biens d'André de Chauvigny, qu'il avait fait saisir, fussent affectés aux besoins de cet hospice. Pour le mettre en rapport avec les exigences de la population, les habitants le portèrent ailleurs et le construisirent, tel qu'on le voit encore aujourd'hui. Ils achetèrent ensuite une métairie, dont plusieurs habitants s'emparèrent. Depuis l'établissement de ce nouvel Hôtel-Dieu, jusqu'en l'année 1700, un homme avait été seul chargé du soin des malades. A cette époque le cardinal de Gesvres, archevêque de Bourges, à la prière des habitants de la Châtre, y envoya deux Sœurs de Charité, qui, non seulement accordèrent leurs tendres et pieux secours aux malades, mais donnèrent aussi leur instruction aux petites filles. Cet hospice, qui n'a que deux salles et quatre lits dans chacune, afin de pouvoir séparer les sexes, devint ainsi le refuge de la douleur, l'asile de la souffrance et la source de l'instruction.

LES CARMES. — Dans le XIVᵉ siècle une peste affreuse décima la population de l'Europe ; son histoire a été recueillie chez la plupart des nations, ainsi qu'on peut le voir dans les traités de Villalba, d'Ozanam, etc. La Châtre ne fut point épargnée. Sa population fut cruellement maltraitée en 1348 et 1349, et la majeure partie des ecclésiastiques fut enlevée à ses besoins spirituels.

Quelques habitants, revenant de Limoges dans leur ville natale, apprirent à leurs concitoyens qu'ils avaient conféré avec les Carmes de cette antique cité, qu'ils les avaient instruit de l'affreuse position où ils se trouvaient, et que ces bons pères étaient prêts à se rendre à leur invitation, s'ils pouvaient leur être utiles. Aussitôt les habitants de la Châtre mandèrent des députés aux Carmes de Limoges, qui envoyèrent de suite le père Martin et quatre autres religieux. Ils furent reçus avec une joie sincère et logés dans la rue des Cabignats. Peu de temps après, d'eux d'entre eux moururent et furent enterrés au-delà de la rivière, avec plusieurs de leurs nouveaux concitoyens.

Dès que la peste eut cessé, les religieux témoignèrent le désir de retourner dans leur communauté : pour les retenir, les habitants leur offrirent un établisssement à La Châtre ; ils l'acceptèrent. En 1350, ils furent transférés des Cabignats dans la rue d'Olmon, où l'on construisit une élégante chapelle, que l'on croit avoir été la sacristie de l'église bâtie plus tard.

Le père Martin, premier prieur des Carmes de La Châtre, obtint de Grégoire XI, alors à Avignon, où il alla le trouver à cet effet, l'autorisation d'établir à La Châtre un couvent de cet ordre. La bulle fut donnée le 10 janvier 1375. Aidé ensuite des générosités des habitants et de MM. Delange des Forges, de Guyry-Poislon, il bâtit une église somptueuse et belle. Le père Martin mourut avant que l'édifice fut entièrement construit, et le bienheureux père Thomas Soto, dont parle l'abbé Fleury, dans son histoire ecclésiastique, lui succéda. Peu après il devint lui-même père Provincial.

Il y avait dans cette église élégante plusieurs chapelles, dont la plus belle était, dit-on, celle de Notre-Dame-de-Pitié.

En 1666 quatre carmes, natifs de la Châtre, ennuyés d'être de la province d'Aquitaine, firent tous leurs efforts pour que leur couvent passât dans la province de France. Dans ce but ils écrivirent aux carmes de Bourges qui leur envoyèrent, à jour nommé, le P. Berthet et huit autres religieux qui, aidés par les habitants, chassèrent les carmes de Limoges et s'emparèrent du couvent. Les carmes de La Châtre avaient environ 700 livres de rente au moment de la révolution.

La belle église des Carmes, détruite depuis peu d'années, méritait d'être conservée. Il en reste encore des colonnettes, des clochetons, des ogives, qui permettent de juger quelle devait être sa grâce. On pouvait admirer enfin une chapelle de la renaissance du plus bel effet et que l'on vient de détruire afin de pouvoir mieux adapter son emplacement à une nouvelle Maison Commune. Le cloître remarquable de cette ancienne collégiale a été complètement démoli et sert aujourd'hui de salle de spectacle. L'église est partagée aussi, environ à la moitié de sa hauteur, et l'étage supérieur ainsi formé, est

divisé lui-même en deux autres parties depuis longues
années.

Dans celle du fond , les acteurs et actrices, séparés
seulement par un vieux tapis, s'habillent pêle et mêle. Dans
l'autre, c'est le logement d'un portier auquel on a construit
une cheminée, dont la fumée continuelle endommage tout
Dans le logement de ces deux pièces règne la voûte de la
chapelle , sur laquelle on peut voir très-distinctement, de
chaque côté, douze grands portraits à fresque, encadrés dans
de vastes carrés en moulures sculptées, ce qui fait vingt-quatre
médaillons à portraits.

Entre ces deux premiers rangs sont encore quatre
autre rangs de carrés semblables , dans chacun desquels sont
peints , également à fresque , des anges portant des de-
vises différentes. Toutes ces fresques , parfaitement conservées , ne sont pas sans mérite et seraient restaurées
avec fort peu de frais , du moins quant à celles qui se trouvent
dans le cabinet de toilette des acteurs , car celles de la
chambre du portier sont cachées en partie sous une couche
épaisse de fumée, qui n'empêche pourtant point encore de
les distinguer. Abattre la cloison mitoyenne , restaurer les
points assez rares que divers accidents ont endommagés ,
faire disparaître les effets de la fumée , restaurer enfin cette
riche collection de fresques historiques , en transportant
dans ce vaste local la bibliothèque de la ville, tel est le
plan à la fois digne des lumières et du zèle de M. Delaveau ,
maire actuel de La Châtre. Peu de villes auraient une bibliothèque aussi riche et aussi élégante.

CAPUCINS. — Dans le carême de l'année 1617, les révérends
pères Jérôme , de la Flèche , et Humble , de Dun-le-Roi ,
vinrent prêcher à La Châtre. Leur éloquence persuasive ,
libérale et douce fit un tel effet sur les habitants que ceux-

ci leur proposèrent de s'établir dans leurs villes. Aussitôt on négocia auprès du révérend père Provincial qui finit par y consentir, à la condition que l'on obtiendrait l'agrément de son altesse Henri de Bourbon, prince de Condé, seigneur de La Châtre. M. Bernard, échevin, fut immédiatement envoyé au prince, qui non seulement approuva le projet, mais encore donna de l'argent pour concourir de tout son pouvoir à cette nouvelle fondation. Anne de la Forêt, épouse de Pierre Chamberran, seigneur d'Ars, acheta sur-le-champ une petite chapelle, appelée le Prieuré, moyennant trois cent vingt francs, qui furent employés aux réparations de la chapelle de Vaudouan. Il donna en outre plusieurs pièces de terre, situées auprès de cette chapelle du Prieuré de La Châtre, sur lesquelles on éleva le monastère, et 3,630 livres pour faire activer les travaux. De leur côté les habitants y contribuèrent aussi : tels sont les sieurs Colladon et Boucheron. Les manœuvres de la ville et ceux des environs donnèrent des journées.

Le 6 avril 1519 Joachim de Chabennet, seigneur de Lamotte-Feuilly, posa solennellement la première pierre pour le prince de Condé. Pendant le temps que dura la construction, les religieux demeurèrent aussi dans une métairie appelée la Varenne et n'entrèrent dans leur couvent que sur la fin de l'année 1622. L'église fut consacrée le 21 mai 1623 par Roland Hebert, archevêque de Bourges ; elle n'offre absolument rien de remarquable. La chapelle des reliques fut construite par Anne de la Forêt de Dreux, dame d'Ars, Montgivray, Neuvy Saint-Sépulcre, etc. avec un caveau pour y être inhumée, en exécution des volontés testamentaires de dame Jeanne de Chassincourt, dont elle était devenue l'héritière, par la mort de Chamberran, son fils. Cette dame était attachée à l'archiduchesse d'Autriche, infante d'Espagne, en qualité de

dame d'honneur. Elle était née à La Châtre ; elle ordonna
à son tour, par testament daté de Bruxelles en 1633, que
les reliques qu'elle possédait seraient déposées dans une des
églises du lieu de sa naissance, ainsi que son corps et celui
de son neveu. M. de Dreux demanda à monseigneur d'An-
divilliers, archevêque de Bourges de vouloir bien commettre
quelqu'un pour aller à Bruxelles, reconnaître ces précieuses
dépouilles et constater leur authenticité. Le sieur Perrot,
chancelier de l'église de Bourges, fut chargé de ces soins et
s'en acquitta parfaitement, ainsi que le constatent des actes
passés à Bruxelles et à Bourges en 1641.

Ces reliques arrivées à Bourges, le sieur Foronault, Doyen
de St.-Etienne et vicaire, s'opposa formellement à ce qu'elles
fussent transportées à La Châtre, sans qu'on lui fit hommage
d'une tête des onze mille vierges, ce que les habitants de La
Châtre accordèrent et dont il fit présent aux jésuites de
Bourges. Ces reliques arrivées enfin, sans autre accident, à La
Châtre furent placées dans un magnifique reliquaire, placé
au-dessus de l'autel. Ce trésor se composait de six têtes
ayant appartenu aux pieuses compagnes de sainte Ursule (1) :
sur l'une était le collier d'un saint, une dent de saint Jean-
Baptiste et plusieurs radius ou péroné de différents saints
ou saintes. Outre ces reliques, ce legs donnait encore à la
ville de La Châtre une image de la Vierge, encadrée dans
une pyramide en ébène, fort bien travaillée et ornée de
plusieurs niches, dans lesquelles étaient encore placées
d'autres reliques.

---

(1) Un cadeau semblable avait eté fait aux Annonciades de
Bourges dans la personne de la fille de Louis XI. Voyez *Pierquin
de Gembloux*, *Histoire de Jeanne de Valois*, in-4°, page 411.

Visitandines. — La Châtre possédait plusieurs monastères d'hommes ; elle désirait avoir un couvent de femmes. Les Visitandines de Nevers avaient déjà une grande et belle réputation. Le prieur Joachim et le chanoine Rafinat, curé de Saint-Germain, furent députés pour leur proposer de s'établir dans cette jolie ville, aussi bien caressée par la nature que celle qu'elles habitaient. Elles acceptèrent avec empressement et achetèrent immédiatement l'hôtel Saint-Jacques, qui appartenait à Louis Chabenat, tanneur, pour y construire leur nouvelle maison, car Louis XIII et monseigneur l'archevêque de Bourges ne firent point attendre long-temps l'autorisation nécessaire. Le couvent une fois construit, sept nones partirent de Nevers. Ce furent : Françoise-Gabrielle de Douet, supérieure, Marie Perreau de Gerbes, Françoise-Magdeleine de Bruyère, Jeanne-Marie d'Aubigny, Marie-Élisabeth Pillotie, Anne-Thérèse Gareau et Magdeleine Berthier. Elles arrivèrent le 25 mars 1640 ; et le 26 elles se rendirent au chapitre, qui les conduisit processionnellement dans leur église, où Pierre Rafinat, chanoine, curé, archidiacre, prononça un magnifique sermon pendant la messe. Après cette cérémonie solennelle, la supérieure et ses compagnes entrèrent dans leur monastère, situé sur la route de Guéret, et d'où elles ne furent chassées que par le souffle des révolutions.

En partant de Nevers, ces pieuses filles n'emportèrent qu'une modique somme de dix mille francs ; mais leur fortune augmenta tellement et si rapidement, soit par le nombre de religieuses qu'elles admirent dans leur couvent, attirées par la bonne odeur de leur réputation, soit par le nombre de pensionnaires, que trois ans et demi seulement après leur établissement à La Châtre, elles furent en état de faire construire le couvent de la Visitation de Limoges, dont les fondements furent jettés le 16 novembre 1643. Sœur Françoise de Douet fut la supérieure de cette nouvelle maison. Elle y conduisit Marie-Elisabeth Pillotie, Jaanne-Françoise d'Arnelle, Françoise-Marguerite Lauval, Marie-Magdeleine Berthier, Anne-Valérie Descordes et Marie-Séraphine Constant.

Ainsi se trouva généreusement acquittée une vieille dette, et effacée peut-être une vieille rancune. Limoges avait donné jadis à La Châtre quelques moines, et La Châtre lui donnait à son tour des Visitandines, provenant du célèbre couvent de Nevers. Ces religieuses étaient au nombre de quarante au moment de la révolution, et ne possédaient pas mille livres de revenu. Elles étaient obligées de travailler pour se soutenir.

Voilà, si je ne trompe, tout ce que l'archéologue ou l'annaliste peuvent recueillir d'intéressant sur La Châtre. Ce qui nous reste à examiner est placé en dehors de ses murs et même en dehors de sa juridiction. Tels sont les dolmens que l'on observe sur plusieurs points de l'arrondissement les fontaines sacrées, passées depuis bien des siècles de la protection des divinités celtiques sous celles des saints, comme on le voit par exemple à celle de Saint-Remy, près le bourg de Magny, qui a très-certainement la propriété de guérir les fièvres ; quelques kubas, d'où vient l'épithète dont est accompagné le nom patronymique des Bituriges des bords de la Loire, et que les populations actuelles nomment Margelles ou Mardelles, telles que celle, presque comblée, que l'on voit encore à Cone, etc. C'est tout ce qui reste de la période gauloise ante-historique aux environs de La Châtre.

La période gallo-romaine se révèle, ici comme ailleurs, par

des médailles nombreuses, dont pas une ne mérite l'attention des numismates.

La Châtre n'est pas seulement opulente par la fécondité de ses campagnes, par l'industrie et l'activité de ses citoyens, par la pureté de ses souvenirs de liberté ; toutes ces conditions particulières devaient produire des richesses d'un autre genre. L'intelligence qui, seule, féconde et vivifie tout, dut y être toujours développée en proportion des autres ressources de la nature la plus puissante, appliquée n'importe à quelle branche de nos connaissances encyclopédiques. Aussi La Châtre a-t-elle donné le jour au célèbre chirurgien Brossard, fils d'un praticien distingué de ce nom, et qui vers le milieu du XVIIIe siècle dota la thérapeutique chirurgicale du puissant secours fourni par l'agaric de chêne dont par malheur pour sa gloire, il eut la faiblesse de faire un mystère, afin de le vendre au gouvernement. C'est encore à La Châtre que naquit une des plus belles gloires littéraires des temps modernes, l'écrivain habile, chaleureux et brûlant d'Indiana, de Lélia, de Valentine, de Jacques, de Simon, etc.

FIN.

www.ingramcontent.com/pod-product-compliance
Lightning Source LLC
LaVergne TN
LVHW020052090426
835510LV00040B/1675